EL CUADERNO DE MIS MUCHOS COLORES

CLAIR MELLENTHIN LCSW, RPT-S

La información presentada en este libro tiene un propósito informativo solamente y no debe utilizarse como directiva médica. El contenido no se debe utilizar como sustituto asesoramiento médico o psicológico, proporcionado por profesionales licenciados y calificados. El tratamiento escogido está a discreción de los padres o del individuo y debe realizarse conjuntamente con una consulta psicológica, médica o con un terapeuta calificado. Se le recomienda a los lectores que consulten con su psicólogo, médico o terapeuta en lo que respecta al tratamiento, asumiendo el riesgo de falla al actuar. Al leer este libro, el lector reconoce que el autor no es responsable de las decisiones del lector con respecto a las opciones del tratamiento.

Derechos de autor 2016 Clair Mellenthin

Todos los derechos de autor están reservados, excepto donde se indique. Se prohibe la reproducción, archivo o trasmisión total o parcial, utlizando cualquier medio, ya sea electrónico, manual, fotocopia, microfilm, grabado, o por cualquier otro medio, sin la expresa autorización escrita del autor.

El personal clínico y otros adultos colaboradores que utilicen los cuadernos con niños tienen autorización limitada para reproducir los cuadernos. Esta autorización no otorga otros derechos, ni otorga permite su uso comercial, reventa, sindicación o cualquier otro uso no explicado aquí. Cualquier otro uso o reproducción no autorizada expresamente por escrito por parte del autor, queda terminantemente prohibida y constituye una violación de leyes internacionales de derechos de autor.

ISBN: 9781534720732

RECONOCIMIENTOS

Para mis queridos, Matt, Matty, Marissa y Sami –

**Por darle color a mi trabajo diario,
¡los amo más que a la luna!**

"Ya sea que seamos niños o adultos, el aumentar nuestro vocabulario emocional puede ayudarnos a enfrentarnos mejor con lo que estamos sintiendo. Al usar palabras para describir lo que está adentro, nos ayuda a recordar que lo que estamos experimentando es humano...y que el expresar nuestros sentimientos a otros, nos puede ayudar a que esos sentimientos sean más manejables."

-FRED ROGERS

CÓMO UTILAZAR ESTE LIBRO

Este libro es una herramienta para los médicos y otras personas que proveen ayuda a los niños. Es un cuaderno de terapia artística para ayudar a los niños a entender sus emociones, dónde las sienten y para expresarse mejor. No hay una manera correcta ni incorrecta en la que el niño se exprese artísticamente, y lo que los niños dibujen debe ser aprobado y celebrado.

El niño debe empezar al principio del cuaderno, porque cada página es un cimiento para desarrollar la comprensión de los sentimientos y dónde se sienten internamente.

Instrucciones (Pasos):

Pida al niño que dibuje algo del color indicado y como se relaciona con ellos individualmente. Cualquier medio artístico funciona incluyendo los lápices de color, los colages, la pintura, etc.

Como esta es una actividad que no tiene directiva, es importante que no se le de muchas instrucciones al niño y que el adulto se mantenga relativamente callado pero atento de lo que el niño esté haciendo.

Después que el niño haya terminado su dibujo en la página, es necesario tomarse un tiempo para fijarse en lo que ha hecho el niño y darle aprobación. Se sugiere hacerle algunas de las siguientes preguntas:

1. ¿De dónde siente el niño que proviene este color físicamente y cuándo lo han sentido en el pasado o en el presente?
2. ¿Cómo se sienten ellos en relación con este color?

Es importante utilizar las diferentes páginas como cimiento para aumentar la comprensión y percepción. Esta percepción se puede compartir con un adulto responsable. Por ejemplo, cómo, cuándo y dónde un niño está sintiendo colores y otras quejas somáticas.

Si este cuaderno se utiliza en una sesión de consulta, puede resultar conveniente asignar las páginas 1 y 2 como tarea domiciliaria, para que el niño complete en su casa, con un adulto, entre sesiones. Es posible traer el cuaderno a las sesiones y llevarlo a su casa para explorar y trabajar juntos.

SECCIÓN 1

Cuando me veo **AZUL**, me parezco a...

© 2016 Clair Mellenthin, LCSW, RPT-S

Una vez que me sentí de color **NARANJA** fue…

Cuando me siento de color **NEGRO**, mi pancita se siente…

© 2016 Clair Mellenthin, LCSW, RPT-S

Cuando me siento de color **ROJO**, mi cara se parece a...

Cuando me siento de color **AMARILLO**, me parezco a...

Cuando me siento de color **MORADO**, mi cuerpo se parece a...

Cuando me siento de color **BLANCO**, mi cabeza se parece a...

Cuando me siento de color **CAFÉ**, me parezco a...

© 2016 Clair Mellenthin, LCSW, RPT-S

Cuando me siento de color **ROSA**, mi corazón parece...

© 2016 Clair Mellenthin, LCSW, RPT-S

Cuando me siento de color **VERDE**, me parezco a...

Cuando me siento de color **GRIS**, mi mente parece...

© 2016 Clair Mellenthin, LCSW, RPT-S

A veces, se mezclan todos mis colores y se ven así:

En otras ocasiones, cuando mis colores se unen me siento _____ y me parezco así.

SECCIÓN 2

Cuando estoy preocupado, mi color es
_____ y se parece a...

© 2016 Clair Mellenthin, LCSW, RPT-S

Mi color feliz es _____ y se parece a…

© 2016 Clair Mellenthin, LCSW, RPT-S

Mi color triste es _____ y se parece a...

Mi color de enojo es _____ y se parece a…

Mi color de susto es _____ y se parece a...

© 2016 Clair Mellenthin, LCSW, RPT-S

Mi color de frustración es _____ y se parece a…

Mi color decepción es _____ y se parece a…

© 2016 Clair Mellenthin, LCSW, RPT-S

Mi color de soledad es _____ y se parece a…

Mi color de vergüenza es _____ y se parece a...

© 2016 Clair Mellenthin, LCSW, RPT-S

Mi color divertido es _____ y se parece a…

Mi color de paz es _____ y se parece a...

© 2016 Clair Mellenthin, LCSW, RPT-S

Cuando estoy content, mi color es _____ y se parece a…

© 2016 Clair Mellenthin, LCSW, RPT-S

SOBRE LA AUTORA

Clair Mellenthin LCSW tiene una Maestría en Trabajo Social Clínico de la Universidad de California Sur. Durante su carrera, ha trabajado específicamente con los niños, jóvenes y sus familias. Actualmente, como Directora Clínica en Wasatch Family Therapy, Clair Mellenthin es una supervisora muy solicitada, enseñando a estudiantes graduados en la terapia de juego y forma parte de la facultad adjunta del programa de la Universidad de California Sur. Además ella es la Presidenta de la Asociación de Terapia de Juego de Utah. Clair es una psicoterapeuta y profesora especializada en la terapia de juego. Frecuentemente, brinda cátedras y capacitaciones profesionales en la terapia de juego y la terapia familiar y es entrevistada en la televisión y radio local, como experta en materia de los problemas familiares y de los niños.

Made in the USA
Columbia, SC
25 April 2023